A Collection of Bedtime Bible Stories for Children
Children's Jesus Book

BABY PROFESSOR
EDUCATION KIDS

Speedy Publishing LLC
40 E. Main St. #1156
Newark, DE 19711
www.speedypublishing.com
Copyright 2016

Who wants to hear about stories in the Bible?

The Creation. Have you ever wondered how the world was created? God made the heavens and the Earth in the beginning. However, when the Earth was not yet formed, God said to have light and then there was light. God was so powerful that he separated light from darkness. That was the time God called the darkness as Night and the light as Day.

Then God said to have sky that will separate the waters below from the waters above the sky. It was done. The sky was called the Heavens by God. On the second day, there came the evening and morning. God then made the waters below the Heavens be brought together making the dry land appear. What God said was done. The dry land that appeared was called Earth and God called Seas, the waters he brought together.

God created the plants and trees. It was done as what God said. That is how the different plants and trees began to grow on Earth. God saw that what he has done was good. Again, there was evening and morning on the third day.

He then created the lights in the heavens to light the Earth separating the day from night. These are the signs of the different seasons, days, and years on Earth. The two lights that God made are the Sun and the Moon. Then He made the stars. There was evening and morning again on the fourth day.

Then God made different living creatures in the water and made different birds to fly in the sky. God even created huge sea-monsters and other creatures living in the water. God then blessed all the living creatures. There was evening and morning on the fifth day. God made all the different kinds of living creatures on Earth. He created the cattle, creatures that crawl on the ground, the wild beasts, and many others.

Then He made the
first man like Himself,
both male and female,
to rule all the living
creatures in the land,
sea, and sky. And God
said to the first man and
woman to go ahead and
multiply on Earth. God
saw everything He has
made was all good. Then
evening and morning
came on the sixth day.
After God has created the
Heavens and the Earth,
He then blessed the
seventh day and made it
holy. Then he rested from
his wonderful creation.

The First Disobedience of Man. The first man and woman that God created lived in the Garden of Eden named Adam and Eve. God warned them that they can eat all the fruits in the garden except for the fruit of a tree in the middle of it. They were even forbid to touch it or else they will die.

But a serpent in the garden tried to deceive Eve by telling her that they won't die if they will touch or eat the fruit of that tree. The serpent said that eating the fruit will open their eyes from what is good and evil and not die.

After what the serpent said to Eve, she looked at the fruit of the tree and thought that it is really indeed beautiful to look at and eating it will make her wise. So, she took a fruit from the tree and ate it. Eve also gave Adam the fruit and he ate it. Afterwards, their eyes were opened and they saw themselves naked. They took some fig-leaves and sewed it to cover their naked bodies.

Then, Adam and Eve heard the footsteps of God and they hurriedly hid themselves from the trees in the garden. God asked where they are and Adam said that they hid themselves because they are naked. God asked if they ate the fruit of the forbidden tree. Adam answered that Eve gave the fruit to him and ate it. Eve also said that the serpent deceived her to eat the fruit of the forbidden tree.

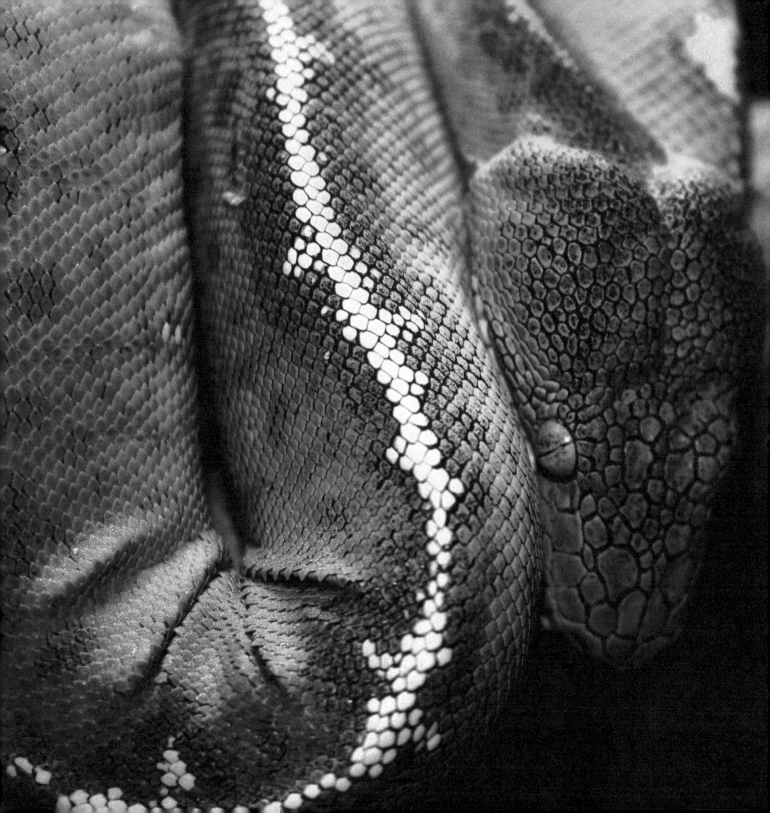

God then said to the serpent that because of what it has done, the serpent will be hated among all beasts. It will crawl on its belly and eat dust forever. Serpents and men will become enemies. Men will bruise its head and serpents will wound men on the heel. After God gave the punishment to the serpent, God told Eve that her pain and trouble will increase and her husband will rule over her.

Then God said to Adam that he will be able to earn a living only by hard work to have food to eat since he listened to what his wife said to eat the fruit of the forbidden tree. And he will die and return to dust from where he came. God made garments of skins for Adam and Eve and sent them out from the Garden of Eden to the ground.

Cain and Abel. Adam and Eve had two sons namely Cain and Abel. Cain was a farmer while Abel was a shepherd. A day came when the siblings brought offerings to God. Cain offered fruit and grain to God while Abel offered the fat pieces of the some of the best animals he took care of. God on the other hand wasn't pleased by what Cain offered but was pleased with Abel's offering.

This made Cain furious. God asked why Cain was angry and told him that if he did what is right and good, his offering will be accepted but if he does wrong then his sin will devour him. Cain told his brother, Abel, to go the field. And while both of them were in the field, Cain killed his brother. When Cain came back, God asked where Abel was but Cain said he didn't know. Jehovah figured out what Cain has done since the blood of Abel was crying to Him from the ground.

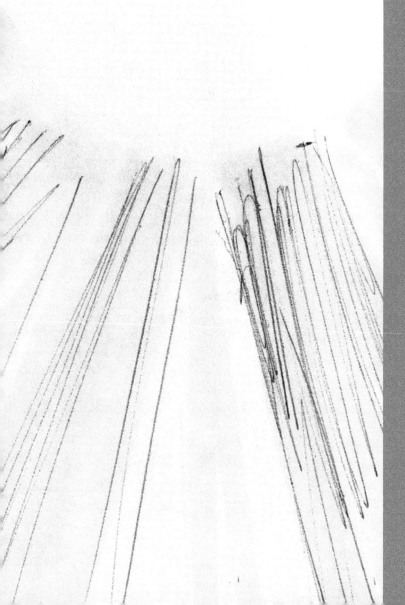

Because of what Cain has done, God punished him and said that the ground will no longer yield him its strength when he tills the ground. God also said that he will become a tramp and a wanderer on Earth.

Cain said that God's
punishment was more
than he can bear and
since he's driven out
from his land, he will
no longer worship God.
He accepted that he
will become a tramp
and a wanderer on
Earth. And whoever
finds him will kill him.

Due to what Cain said, God said that whoever will kill Cain, his punishment will be sevenfold. And God placed a mark on Cain to keep away people from killing him. Cain then became a wanderer.

The stories in the Bible teach us the truth about God and how we should act in any circumstances for our salvation. It tells us to be righteous and do good works. The Bible shows us wonderful things that will definitely change our lives.

Visit

BABY PROFESSOR
EDUCATION KIDS

www.BabyProfessorBooks.com

to download Free Baby Professor eBooks
and view our catalog of new and exciting
Children's Books

Printed in the USA
CPSIA information can be obtained
at www.ICGtesting.com
LVHW080926121123
763707LV00017B/984

Las Escultoras de la Luz

poemas sobre artistas cubanas

Escrito por **Margarita Engle**

Ilustrado por **Cecilia Puglesi**

Reycraft Books
145 Huguenot Street
New Rochelle, NY 10801

reycraftbooks.com

Reycraft Books is a trade imprint and trademark of Newmark Learning, LLC.

Text © Margarita Engle

Educators and Librarians: Our books may be purchased in bulk for promotional, educational, or business use. Please contact sales@reycraftbooks.com.

Library of Congress Control Number: 2023907163

Hardcover ISBN: 978-1-4788-8580-1
Paperback ISBN: 978-1-4788-8581-8

Author photo: Courtesy of Shevaun Williams
Illustrator photo: Courtesy of Ramón López Seco de Herrera

Printed in Dongguan, China. 8557/0623/20293
10 9 8 7 6 5 4 3 2 1

First Edition published by Reycraft Books 2023.

Para Izabella, Maya, Neeva y otras niñas a las que les gusta crear.

Agradecimientos

*Doy gracias a Dios por el arte,
a mi familia por el amor,
a mis amigos por el aliento
y a mi agente Michelle Humphrey;
a mi editor Wiley Blevins y al traductor Andrés Pi,
a la ilustradora y a todo el equipo editorial.*

QUERIDAS LECTORAS:

Muchas de las artistas de este libro son tan célebres en Cuba y en la comunidad cubanoamericana como lo es Frida Kahlo en México y la comunidad mexicoamericana o Georgia O'Keefe en el suroeste de Estados Unidos. Nunca permitan que las convenzan de que no hay lugar para más mujeres artistas de todos los países y de todas las culturas. Cuando creen algo hermoso, ¡firmen con su nombre!

Su amiga,
Margarita Engle

ANÓNIMO

Durante miles de años, mujeres y niñas de antaño,
aborígenes de la hermosa isla de Cuba,
hilaban algodón, tallaban madera, moldeaban barro,
y tejían bellas capas de plumas, brazaletes de coral,
adornos de conchas marinas,
pintaban soles, lunas, espirales de huracán,
y círculos dentro de círculos,
que hoy las paredes de las cuevas acunan;
junto a rostros humanos y otras formas poderosas
pintadas o rayadas en figurillas de piedra vistosas.

Durante cientos de años, mujeres y niñas
de antepasados siboneyes y taínos
han combinado las destrezas, habilidades y mañas
de los nativos con las artes de China, de África y España,
para crear objetos de gracia, de poder, de ímpetu y pujanza.
A menudo es imposible decir quién hizo los encajes, las cerámicas
o bordados; no los podemos distinguir, elogiar o aplaudir,
porque las obras no estaban firmadas.
No se reclamaba fama y los hombres las veían como quehaceres.
Llamaban a las obras de sus hijas y esposas artesanías, tradición, folclore,
trabajo de mujeres...

Pero ¿no es ahora el momento de darles nuestros nombres,
y ponerlos en todos nuestros diseños,
para que sea recordado nuestro empeño
como artistas verdaderas que retratan en
formas únicas nuestro mundo y nuestro tiempo?

Nota histórica

El "arte popular" de Cuba, al igual que su población, es una combinación de elementos indígenas, españoles, de África occidental y de la China. En los tiempos en que mi madre crecía en el pueblo de Trinidad, hacer encajes y bordados eran habilidades que todas las niñas aprendían tanto en casa como en las escuelas católicas. Ella guarda gratos recuerdos de haber decorado ropa de bebé para canastillas, canastas de regalo que se entregaban a cada recién nacido con labores de punto aportadas por muchas mujeres. De adolescente, ella estudió arte, retocó los colores de los retratos en el estudio de fotografía de su tío y pintó diseños en las distintivas cerámicas de arcilla amarilla de Trinidad. Trinidad es hoy en día Patrimonio de la Humanidad y Ciudad Artesanal Mundial, título otorgado por la UNESCO como reconocimiento a la abundancia de encajes y trabajos de arte hechos a mano por miles de mujeres. Muchas aún no firman sus trabajos y nunca reciben reconocimiento por sus habilidades y logros individuales.

Forma poética

Poema en prosa (versos largos) con asonancia (rimas vocálicas).

EL JARDÍN DE AMELIA

Amelia Peláez
(1896-1968)

La vida de Amelia comenzó en un pueblo tranquilo
donde junto a sus hermanas y hermanos
aprendió pintura, poesía y otras artes
para celebrar la paz, porque las largas guerras de Cuba
por la independencia de España por fin habían terminado.
Justo cuando estaba aprendiendo a esperar la felicidad
su padre enfermó
y la familia se mudó a La Habana
donde ni los mejores médicos pudieron salvarlo.

Al principio, el dolor de Amelia fue feroz
pero eventualmente encontró consuelo en el jardín
de fragantes orquídeas y árboles frutales, donde pintó
piñas doradas, mangos anaranjados, frutas de cactus rosadas,
un pescado en un plato rojo y un mantel azul
con bordados
con encajes arremolinados a lo largo de los bordes
de serena tela azul.

Amelia estudió, viajó y expuso su obra,
luego regresó al jardín en Cuba, donde se convirtió
en una de las mujeres artistas más famosas,
por sus colores de vitrales
superpuestos como los patrones de la naturaleza,
pétalos
hojas,
y lágrimas
dispuestos como brillantes
rayos de sol.

Nota histórica

Amelia Peláez del Casal es una de las artistas cubanas más conocidas. Nació en Yaguajay, Cuba, en 1895. Cuando su padre enfermó, la familia se mudó a La Habana. Tras su muerte, Amelia pintó en el jardín de su nuevo hogar. Allí, comenzó a desarrollar su estilo distintivo de bodegones y retratos de colores brillantes que se asemejan a las vidrieras de las antiguas casas cubanas.

Con la ayuda de becas del gobierno, estudió arte en Cuba, Nueva York y Francia, en un momento en que pocas mujeres eran aceptadas en el mundo del arte. Tras visitar España e Italia, expuso en París y luego regresó a la isla, donde volvió a pintar en el jardín de la casa de su infancia. También realizó murales, como el del Hotel Habana Libre (antes llamado Habana Hilton). Murió en La Habana en 1968, pero su obra aún se puede ver en el Museo Nacional de Bellas Artes de La Habana y en el Museo de Arte Moderno de Nueva York.

Forma poética

Versos libres (sin métrica ni rima) con asonancia (rimas vocálicas) y aliteración (palabras que comienzan con la misma letra).

GALAXIAS

Loló Soldevilla
(1901-1971)

Loló tocaba el violín
de niña y actuaba en orquestas.
Con su música viajaba y en las noches de ansiedad,
en su hotel ella aprendió, a pintar la soledad
en ritmos, puntos, triángulos
mezclando todas las artes
con música de instrumentos.
Sinfonías iban naciendo,
formas, disímiles temas
dando brochazos de arpegios
sobre un trozo de madera.
Ella fue experimentando:
a sus melodías   fue dando
formas concretas, esferas

          brillantes lunas, estrellas,

               constelaciones,   planetas,

        círculos,

líneas serpenteantes

       en paredes de museos

        que pintaban universos

           de músicas

              orbitando.

Nota histórica

Loló Soldevilla Nieto nació en Pinar del Río y creció
en La Habana, donde tocaba violín y cantaba con
una orquesta de mujeres. Encarcelada varias veces por
manifestarse contra los dictadores Machado, en Cuba y
Franco, en España, no empezó a esculpir y pintar hasta
que vivió en París muchos años después. Sus patrones
geométricos abstractos crecieron a partir de los ritmos
visuales de la música, así como de la fascinación por
los movimientos de los cuerpos celestes en el universo.
Soldevilla murió en Cuba en 1971. Recientemente, las
exposiciones internacionales han reavivado el interés
por su obra.

Forma poética

Versos libres (conformados según el tema).

LAS PRIMERAS
MUJERES FOTÓGRAFAS
DE CUBA

antes sin nombre
emergen de la historia
sus imágenes

Nota histórica

En el censo de 1899 solo aparecen siete mujeres fotógrafas en Cuba. A mediados del siglo XX, solamente existían unas pocas docenas. Al principio, la mayoría era conocida por los nombres de sus famosos esposos fotógrafos, a pesar de que compartían las mismas cámaras. Las fotos de la viuda de Gregorio Casañas se publicaron en 1909, llamándola simplemente "la viuda de Gregorio Casañas". Ulderica Mañas y Parajón (1905-1985) usó su propio nombre cuando representó a Cuba como parte de la Comisión de las Naciones Unidas sobre el estatus de la mujer en 1953, que documentaba la pobreza de los vendedoras ambulantes en Perú. Un catálogo de mujeres fotógrafas cubanas está siendo compilado y documentado por la historiadora de arte Aldeide Delgado, cuyo trabajo ha sido publicado en la revista digital Cuban Art News.

Forma poética

Haiku, número de sílabas por verso 5-7-5

LA ESCULTORA DE LA LUZ

Rita Longa
(1912-2000)

La escuela ayudó a Rita a comenzar,
pero aprendió por sí misma a tallar
el mármol, a fundir el bronce, a hacer mosaicos de losas
en su búsqueda afanosa
del vacío entre las formas.

Gritos.
Sed.
Sueños.
Mostraba todos los mundos como forma emocional
en piedra, también en metal, de lo humano o animal:
un cisne grácil o una familia de ciervos trepando un
despeñadero,
sus orejas
y sus cuernos
tocando
el cielo.

Sus estatuas de bailarinas parecen girar,
buscando con sus brazos de piedra —balletística o rumbera—
atrapar esas dos cadencias de idéntica belleza.

Rita eligió una aldea
y la pobló de esculturas.

En un pueblo de pantano ella creó figuras
de aldeanos taínos: mujeres, hombres, niños y niñas
cantando y tejiendo, cultivando y moldeando arcilla
como se hacía antaño: con su obra pudo mostrar
que aún podemos conservar
las artes
de nuestros ancestros.

Nota histórica

Rita Longa Aróstegui nació en La Habana en 1912 y murió allí
en 2000. Principalmente autodidacta, esculpió mármol, mosaico
y bronce. En la entrada del Zoológico de La Habana, hay una
familia de ciervos esculpidos que sube una colina. Frente al museo
de arte, una escultura modernista titulada Forma, espacio y luz
se ha convertido en una de las estatuas más conocidas de Cuba.
Longa convirtió al pequeño pueblo de Las Tunas en la "Ciudad
de la Escultura" donde erigió tantas estatuas que se convirtió en
una atracción. Veinticinco imágenes de aldeanos indígenas en la
Ciénaga de Zapata son un querido tributo a las raíces taínas de
Cuba. Longa es la escultora más famosa de la isla.

Forma poética

Versos libres (sin métrica ni rima final) con alguna rima interna
(dentro de los versos).

Nota histórica

Carmen Herrera nació en La Habana y vivió en los Estados Unidos desde la década de 1950.

Como la menor de siete hijos en un hogar abarrotado, aprendió a valorar la sencillez y la tranquilidad. Trabajó sin ser reconocida durante gran parte de su juventud, rechazada por galerías y museos por ser mujer e inmigrante. A la edad de 89 años, finalmente vendió una pintura. Su trabajo es ahora muy valorado y forma parte de la colección del Museo de Arte Moderno de Nueva York, la galería Tate Modern de Londres y el Museo Hirshhorn en Washington, D.C. En 2019, cuando tenía 104 años, la ciudad de Nueva York exhibió cinco de sus esculturas al aire libre. Murió en esa misma ciudad en 2022.

Forma poética

Tanka, número de sílabas por verso 5-7-5-7-7

MINIMALISTA

Carmen Herrera
(1915–2022)

En su búsqueda
del color y del tiempo,
sus líneas simples
dibujan con paciencia
la belleza absoluta.

CONSTRUYENDO LA ESPERANZA

**María Margarita Egaña Fernández
(1921-1975)**

¿Una mujer arquitecta?
Dice un hombre que es extraño.
Pero a nadie le hace daño,
una mujer que proyecta,
que construye; a ciencia cierta
necesitamos un cambio.
Yo diseño parques amplios,
rodeados de muchas casas,
donde la luz fluye y pasa,
entre niños y columpios.

Nota histórica

María Margarita Egaña Fernández nació en La Habana, donde estudió arquitectura. Se casó con un arquitecto y se mudó a la ciudad de Santiago, donde desarrolló su propio estilo, convirtiéndose en pionera del movimiento Modernista. Las casas que diseñó se construyeron alrededor de áreas verdes compartidas. Sus efectos visuales, como las vigas incrustadas y las ventanas acristaladas, crearon una sensación de conexión con la naturaleza. Después de la revolución cubana, Egaña se mudó a Puerto Rico.

Forma poética

Décima tradicional cubana de diez versos octosílabos, con patrón de rima abba ac cddc.

LAS ALAS DE NANCY

Nancy Morejón

(1944–)

Salió de pobre a poeta,
con jazz, con rumba y con versos,
viajes, premios y pinturas.
¡Exitosa en cada arte!
Inspiración de las niñas.
Feminista afrocubana.

Nota histórica

Nancy Morejón nació en La Habana, donde se convirtió en la
primera estudiante afrocubana en recibir una licenciatura en artes
de la Universidad de La Habana, y la primera mujer afrocubana en
recibir el Premio Nacional de Literatura de Cuba. Si bien es conocida
principalmente como una poeta muy respetada, ella viaja mucho, da
conferencias, enseña, traduce y experimenta con artes visuales como
la pintura.

Forma poética

Versos sueltos (con métrica, sin rima) y poema de lista (que enumera
muchos aspectos de un tema)

CUERPO DE TIERRA

Ana Mendieta
(1948-1985)

El arte de Ana es su silueta
pintada en fango y arena
vestida de hojas verdes
pegada a esa tierra
que le recuerda
mucho a casa,
a Cuba:
tanta
paz.

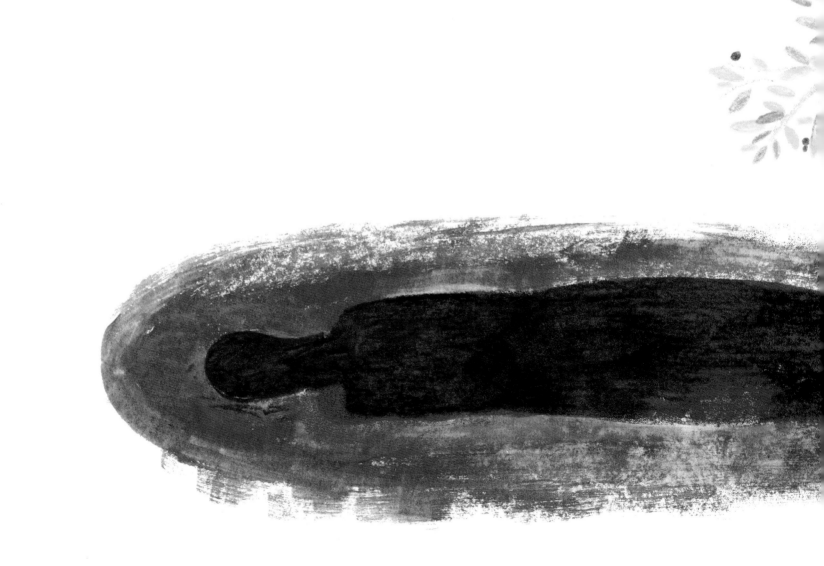

Nota histórica

Ana Mendieta fue una niña "Pedro Pan", enviada fuera de Cuba a los 12 años, junto con su hermana de 14. Las niñas fueron alojadas en campos de refugiados, instituciones y hogares de crianza en los EE. UU., antes de finalmente reunirse con sus padres. Mendieta estudió en la Universidad de Iowa, luego viajó y se hizo conocida por sus singulares instalaciones de arte escénico, con temas de conexión con la tierra, sentido de pertenencia y violencia contra las mujeres. Murió en Nueva York al caer de una ventana en circunstancias sospechosas. Mendieta es una de las mujeres artistas cubanoamericanas más conocidas, ampliamente respetada por los audaces aspectos feministas de su trabajo.

Forma poética

Noneto de nueve versos en los que el número de sílabas decrece de nueve a una.

Nota histórica

Belkis Ayón fue la primera artista afrocubana de renombre internacional.
Desafió las tradiciones culturales al usar sus habilidades de grabado
para crear figuras imponentes y sin boca, que alteraron las historias de
la sociedad religiosa secreta de hombres llamada Abakuá. Usando
un proceso llamado colografía, sus impresiones fueron texturizadas con
papel de lija, tela, cuerdas, hojas y hierba.

Forma poética

Secuencia de haiku, cada haiku con un conteo de sílabas de 5-7-5

IRREDUCTIBLE

Belkis Ayón

(1967-1999)

flor de leyendas
de mujeres sin voz
cambió su arte

gente sin boca
cuenta historias viejas
con nuevos tonos

LIBERTAD DE EXPRESIÓN

muchos artistas

Los artistas alzan su voz contra la censura.
Y cuando algunos son encarcelados por hablar con bravura,
sientan un ejemplo en otras y otros
que pintan
que esculpen
que tejen
que escriben
que bailan
y gritan
consignas por la libertad
de expresar lo que piensan.

Nota histórica

El 11 de julio de 2021, muchos jóvenes manifestantes fueron arrestados por exigir pacíficamente la liberación de artistas encarcelados cuyo trabajo el gobierno consideraba peligroso porque expresaba la necesidad de libertad artística.
Algunos de esos artistas disidentes son hombres. Otros son mujeres. Algunos, como Tania Bruguera, son mundialmente famosos. Otros no son muy conocidos fuera de Cuba. Todos se unieron bajo el lema pacífico, Patria y Vida que rechaza el lema de guerra del gobierno, Patria o Muerte.

Forma poética

Verso libre

LECTURAS ADICIONALES

Amelia Peláez

Alonso, Alejandro G., Amelia Peláez, *La Habana*: Editorial Letras Cubanas, 1988.

Loló Soldevilla

Grove, Jeffrey, editor; *Loló Soldevilla*, Berlin: Hatje Cantz, 2019.

Early Photographers

www.CubanArtNews.org/2017/01/19/Uncovering-a-hidden-history-women-photographers-in-Cuba

Rita Longa

Alonso, Alejancro G., *La obra escultórica de Rita Longa*,
La Habana: Editorial Letras Cubanas, 1998.

Carmen Herrera

www.TheArtStory.org/CarmenHerrera

Ana Mendieta

www.TheArtStory.org/AnaMendieta

María Margarita Egaña Fernández

www.vitruvius.com/br/revistas/read/arquitextos/058.09:VistaAlegre

Nancy Morejón

Morejón, Nancy, *Looking Within/Mirar adentro*, Detroit: Wayne State University Press, 2003.

Belkis Ayón

www.ayonbelkis.cult.cu

MARGARITA ENGLE

 es cubanoamericana y autora de muchas novelas en verso, memorias y libros ilustrados, que incluyen *The Surrender Tree*, *Enchanted Air*, *Drum Dream Girl* y *Dancing Hands*. Ha recibido importantes premios como Newbery Honor, Pura Belpré, *Golden Kite*, Walter, Jane Addams, PEN U.S.A. y NSK Neustadt, entre otros. Margarita fue Poeta Laureada Nacional para Jóvenes entre 2017 y 2019. Ella ha sido nominada tres veces en los Estados Unidos para el premio Astrid Lindgren Book Award. Sus libros más recientes son *Tu corazón, mi cielo*; *Canción de frutas*; *Luz para todos*; *La rebelión de Rima y Cantando con elefantes*. Margarita nació en Los Ángeles, pero desarrolló un profundo apego a la tierra natal de su madre durante los veranos de su infancia con parientes en la isla. Estudió agronomía y botánica, además de escritura creativa. Ahora vive en el centro de California con su esposo.

CECILIA PUGLESI

 nació en Mendoza, Argentina, donde estudió agronomía y luego diseño. Obtuvo su maestría en Barcelona, España y luego obtuvo una beca Fullbright para completar un MFA en Arte por Computadora en el School of Visual Arts de la ciudad de Nueva York. El cortometraje con el que se graduó le permitió viajar a festivales alrededor del mundo y ganar varios premios internacionales. Ha trabajado en España, Austria, Irlanda, Nueva York y París, donde vive actualmente con su encantadora familia. Allí trabaja en animación y también como ilustradora.